시와 치유가 흐르는 풍경

흘러라

흘러라
시와 치유가 흐르는 풍경

초판 1쇄 발행 2024년 9월 13일

지은이 오수아
펴낸이 장길수
펴낸곳 지식과감성#
출판등록 제2012-000081호

교정 김나현
디자인 정윤솔
편집 정윤솔
검수 이주연, 이현
마케팅 김윤길, 정은혜

주소 서울시 금천구 벚꽃로298 대륭포스트타워6차 1212호
전화 070-4651-3730~4
팩스 070-4325-7006
이메일 ksbookup@naver.com
홈페이지 www.knsbookup.com

ISBN 979-11-392-2112-1(03810)
값 11,000원

- 이 책의 판권은 지은이에게 있습니다.
- 이 책 내용의 전부 또는 일부를 재사용하려면 반드시 지은이의 서면 동의를 받아야 합니다.
- 잘못된 책은 구입하신 곳에서 바꾸어 드립니다.

지식과감성#
홈페이지 바로가기

시와 치유가 흐르는 풍경

흘러라

글 오수아

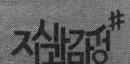

목차

1장
또 다른 심장, 부모

친정엄마 1	12
친정엄마 2	13
친정엄마 3	14
친정엄마 4	15
어머니	16
내리사랑	17
그립다	18
외사랑	19
새벽바람	20
아부지	21
엄마 역할	22

2장

나의 삶, 그리고 길

삶 1	24
삶 2	25
살아 있다는 것	26
활짝 웃어라	27
낯선 길	28
나의 길 1	29
나의 길 2	30
아름다운 나무	31
나무	32
살아 있는가	33
배움의 길	34
새벽	35
가을 속으로	36

3장

살아가는 일이 힘겨울지라도

그런 날이 있다	38
욕망	39
거울	40
벽	41
실수	42
낡은 시계	43
오늘	44
그 바람 외롭다	45
여름	46
반성	47
가진 것 많으니	48
빈 배	49
새벽 달	50
쉼이 필요한 순간	51
너의 의자	52
쉼	53
비양도	54
낡은 배 한 척	55
나무도 가끔 운다	56
이토록 아름다운 계절에	57
문(門)	58

4장
자연이 말을 걸어올 때

잡초	60
풀꽃	62
민들레 1	63
민들레 2	64
7월의 개망초 앞에서	65
매화	66
매미 소리	67
장대비 내리는 날	68
빗방울	69
새 한 마리	70
자연 1	71
자연 2	72
바람이 부는 이유	73
어디로 가나	74

5장
덕분입니다

와닿다 1	76
와닿다 2	77
8월의 저녁 풍경	78
네가 두고 간 상추 한 봉지	79
바람이 전하는 말	80
초여름 바람	81
봄 봄 봄	82
살아 있음에 감사	83
행복 1	84
행복 2	85
행복이 만져지는 순간	86
행복 그리고 사랑	87
행복 지점	88
볕이 툇마루에 앉을 때	89
가족	90

6장
지천명에 알게 되는 것들

지천명이 되어서야	92
바람 1	93
바람 2	95
지혜	96
살아가는 일	97
삶 3	98
아름다운 삶	99
다시 태어난다면	101
나의 길 3	102
다 이유가 있더라고	103
지천명에 알게 되는 것들	104
나의 뜨락	105
흘러라	106
시가 없는 세상	107
시를 쓰는 일	108
시를 읽는다는 것	109
문득	110
너를 보아라	111
바다에서	112
시를 닮아 가는 일	113
지천명을 넘어서니	114

7장

동생을 멀리 보내고

가혹한 이별 앞에	116
핏줄 1	117
핏줄 2	118
산 사람	119
가슴에 묻는다	120
그만 쉬어라	121
그곳에서는	122
거기 있었구나	123
복사꽃	125
너를 잃어버린 것은	126
청사포	127
부산역	128
반려견도 이별 중입니다	129
너의 빈자리에 서서	130
그렇게 살아가지	131

1장
또 다른 심장, 부모

친정엄마 1

힘들제
울어라 실컷 울어라
다 쏟아 내라

결혼이라는 게 그런 거다
참고 또 참고
용서하고 또 용서하고

어데 팔 하나 없고
다리 한 짝 없어야만 장애인인 줄 아나
사람이 사람을 용서 못 하는 것도
마음의 장애고 정신적 장애다
따지고 보면 누구나 장애인이다

가족을 품지 못하면 아무도 못 품는데이
남편을 용서 못 하는 것도 마찬가지다

울어라 실컷 울어라
실컷 울고 다 용서해라
다 쏟아 내라
엄마한테는 뭐든 괜찮다

친정엄마 2

딸아

나의 노여움이 크고

나의 핏대가 높아지고

나의 울음소리가 땅을 갈라놓는 것은

너를 향한 내 마음이 찢어지고 있는 까닭이다

친정엄마 3

왜 저러나
왜 저리 등신처럼 살아가나
누가 알아준다고

눈물에 찬밥 한 숟갈 말아
찬도 없이 꾸역꾸역 밀어 넣는
모진 초라함

여우처럼 좀 살지
뭐 한다고
저리 끈덕지게 사는지

우짜노 우짤꼬
그게 내 모습인 것을

친정엄마 4

나와 똑같은 길을 갈까 봐
불안했다

그저 시댁
그저 남편
그저 새끼

너의 이름을 잃어버리고
너는 누구인지도 모른 채
너는 무엇을 좋아했는지도 잊은 채

평생을 시댁
평생을 남편
평생을 새끼

나와 똑같은 길을 가고 있는 네 모습에
복장이 터졌다

어머니

사랑하는 연인을 향한 마음이
이리도 애가 탈까
경이로운 자연을 향한 노래가
이리도 애절할까

그의 가슴에서 탄생하는 시는
시구 하나하나 깊숙이
그리움이 절절히 배어 있다

엄마 엄마
어머니 어머니
세상과 만나기 전 첫 보금자리, 자궁

그 이름 앞에서는
어린아이뿐 아니라
나이 들어 주름살 겹겹이 접혀도
이토록 눈물이 나는가

내리사랑

당신은 사랑이라는 걸 모르는 줄 알았습니다
사랑한다는 말도 모르는 줄 알았습니다
그래서 저도 하지 않았습니다

당신을 사랑했지만
사랑한다 말하고 싶었지만
말하지 않는 게 사랑인 줄만 알았습니다

세월이 흘러
당신의 머리칼이 희끗해졌을 때
제가 엄마가 되고
당신에게 손주가 생겼을 때
비로소 깨달았습니다

손주를 바라보는
당신의 눈빛이
이만큼 너를 사랑했다고
여전히 너를 사랑한다고 말해 주었으니까요

그립다

거리를 가득 메운 3월의 바람
그 바람에 묻어오는 익숙한 내음
콧등이 시큰거리는 그 내음에
가던 길 멈춘다

몸을 간지럽히는 3월의 햇살
그 햇살에 얹혀 오는 익숙한 미소
심장을 훑고 지나는 그 미소에
가던 길 멈춘다

그립다
내 아부지

외사랑

당신은 파스스 부서지는 햇살
나는 눈 뜨는 꽃봉오리

당신은 고요한 물결
나는 요동치는 물살

당신은 별처럼 반짝이는 등대
나는 바다를 헤매는 배

새벽바람

너를 만나면
나도 모르게 걸음을 멈추게 된다

친정아빠 내음 풍기는 너
마구 뛰어놀던 뒷동산 같은 너

그리운 얼굴 하나 데리고 와
심장에 뜨거운 입맞춤하는

너를 만나면
나도 모르게 눈물이 흐른다

아부지

여름날 저녁 바람에는
아부지 냄새 얹혀 있다

땀범벅 고단한 냄새
살갗을 찌르는 듯 아린 냄새
사슴 눈망울 같은 슬픈 냄새
담배로 삭이다 새카매진 심장 냄새

새끼 배곯을까 허리띠 매는 냄새
새끼 기죽을까 어깨 펴는 냄새
새끼 추위에 떨까 털신 고르는 냄새
새끼 어디 다칠까 애태우는 냄새

여름날 저녁 바람에는
아부지 냄새가 울고 있다

엄마 역할

하늘처럼
너를
가장 부드러운 눈빛으로 바라봐 줄 수는 있어도

바다처럼
너를
가장 포근하게 안아 줄 수는 있어도

산처럼
너를
가장 너른 가슴으로 품어 줄 수는 있어도

글자처럼
너의 뒤에서
가장 흔들림 없는 모습으로 서 있을 수는 있어도

너의
마음까지 파고들지는 않을 거야

2장

나의 삶, 그리고 길

삶 1

살아간다는 것은
멈추지 않는 고통
제 살을 깎는 몽돌처럼

살아 있다는 것은
부단한 움직임
스스로 도는 수레바퀴처럼

참아 내고 견디며
매일 돌고 또 돌아도
아름답게 사는 것

꾸밈없이 순박한 아이처럼
있는 그대로 피고 지는 꽃처럼

삶 2

그런 순간들 있잖아

누군가를 좋아하고
누군가를 사랑하고
그래서 웃는 순간들

무언가를 하고 싶고
무언가를 해내고
그래서 심장이 날아오르는 순간들

어쩌면 그게 삶의 전부일지도 몰라

살아 있다는 것

푸성귀 한 소쿠리
나물 반찬 서너 개 담은 접시
따끈한 된장국에 보리밥 한 그릇
그리고 막걸리 한 사발

자연이 차려 낸 소박한 밥상에
시 구절이 절로 떠오르고
두 손 모아 감사의 기도를 올린다면
당신은 살아 있는 것이다

뜨끈한 국물처럼
뜨끈한 심장처럼
뜨거운 시간을 살고 있는 것이다

활짝 웃어라

인생은 모두 작품이다
희로애락 모든 순간이
하나의 작품이다
있는 그대로가 작품이다

네 자체로 이미 귀한 작품이니
그리 애쓰지 마라
있는 그대로의 모습으로
너의 자리에서 활짝 웃어라

너의 목소리를 밖으로 불러내고
마음껏 눈물 흘려라
희로애락 어떤 순간이 와도
활짝 웃어라

낯선 길

갑자기 발걸음이 주춤거렸다
익숙한 길 앞에서

의식이 방향을 틀어 버렸다
낯선 길로

그래 이 길이 아니다 싶으면
다시 돌아오면 되니까

행여 너무 멀리 갔어도
그 길에서 다시 시작하면 되니까

나의 길 1

곧고 편안한 길
누군가의 땀으로
아주 친절하게 안내되는 길
그 길도 가끔은 걸어야 하지만
그 길도 감사하지만
나의 길을 가려네

걷는 이 아무도 없어
풀이 무성하고
잡초들의 노래만 들리는 길
그들의 노래를 들으며
그들과 노래 부르며
나의 길을 가려네

나의 길 2

누구도 걷지 않은 하얀 길
아무도 가지 않은 길
어둑어둑 희미하고
춥고 고독한 길

이 길에 발자국을 남기는 일이
이토록 설레는가

아름다운 나무

아름다운 나무는
하늘만 보지 않는다
위로만 자라지 않는다

안으로 안으로
뿌리를 뻗고 뻗어
스스로 마음을 잡고

아래로 아래로
뿌리를 뻗고 뻗어
스스로 우뚝 솟아

옆으로 옆으로
뿌리를 뻗고 뻗어
스스로 연결고리가 되어

마침내
멀리 있는 이웃까지 단단히 잡아
모두를 아름답게 만든다

나무

묘목일 때는 아무것도 볼 수 없었어
누구에게나 활짝 열려 있는 하늘조차도

그저 불안했었지
몸과 마음의 키가 작았으니까

조금씩 자라 뿌리를 내리면서
잎이 무성해질 때는
세상 두려울 것이 없었지

시간이 흘러
해와 별 그리고 하늘을 보며
부끄러움이라는 걸 알게 되었지

나뭇잎을 모두 잃고 나서야 깨달았어
고개를 숙였지
모든 것에 그저 감사하며

살아 있는가

바람이 손짓할 때
기척이 없는 나무는 죽은 것이다

태양이 떠오를 때
눈 뜨지 않는 바다는 죽은 것이다

삶이 질문할 때
대답하지 않는 너 역시 죽은 것이다

너는 살아 있는가
너의 삶의 주체로 살아가는가

바람 부는 바다에서
삶이 너에게 질문을 던진다

배움의 길

빗속에 선 잡초가 부러워
잠시 잡초가 되어 본다
찰나의 시간 온몸을 적시고
흘러내리는 빗물

별 같은 지식들도
넉넉히 반나절이면
내 뜨거운 심장까지
그렇게 젖어 들면 좋으련만

그래, 그래 부질없는 생각
가랑비에 옷 젖듯
낙숫물이 돌을 뚫듯
꾸준히 따라갈란다

새벽

보일 듯 보일 듯 보이지 않는
실루엣처럼 아직은 검은 시간

이슬 같은 고요를 터트리는 음악가의 손가락 열 개가
열 평 남짓 연구실에 선율을 풀어 놓으면
발각거리는 종잇장들 사이로
글자들이 달려 나와 살갗을 파고든다

아!
너희들과 눈 맞아 버린 황홀한 시간

가을 속으로

가을 속으로 슬쩍
걸음을 옮겨 봅니다

붉게 물든 가을이
더 부끄러워할까 봐
노랗게 물든 가을이
더 수줍어할까 봐
조심스레 다가가 봅니다

사랑이 가득하여
아름다움이 가득하여
그 사랑
그 아름다움
나에게도 물들이고파

가을 속으로 슬쩍
발을 담가 봅니다

3장
살아가는 일이 힘겨울지라도

그런 날이 있다

바로 눈앞에 꽃들이 지천이어도
향기를 맡을 수 없고

바람이 등을 미는데도
앞으로 나아가지 못하는 날이 있다

감정이 길을 잃어버려
생각이 안갯속을 헤매는

아무것도 할 수 없는
그런 날이 있다

욕망

두 손이 강물을 잡으려 하네
바람을 잡듯
흐르는 강물을 잡으려 하네
해가 저물도록 텅 빈 두 손
미련스레 강물만 움켜잡으려 하네

강물이 나를 잡아 버렸네
낚시를 하듯 두 발을 낚아채고
심장을 거슬러
머리까지 차올라
서서히 물속으로 나를 가라앉히네

거울

수많은 거울 중
너를 볼 때 가장 편안하지

다른 거울 앞에서는
볼 수도 없고
보여 주지도 않는
감추고 싶은 내 모습들이
네 앞에서는 적나라하게 보여

미운 모습
성낸 모습
퉁퉁 부은 모습
웃는 모습
때로는 광기 어린 모습까지

다른 거울은 비추지 못하는
벌거벗은 민낯의 나

벽

네가 있었어
언제나 내 곁에
그리고 또 있었지
너와 나 사이에는
천 개의 산이

네가 없었어
언제나 내 곁에
그리고 또 없었지
너와 나 사이에는
진심을 담은 한마디

실수

순서를 어기고
남의 자리에 슬며시 끼어드는 불청객보다
더 기가 막히고 황당한 너

정신 줄 동여매고 살자
엉뚱한 데 마음 뺏기지 말고

바람을 읽어 내는 처마 끝 풍경처럼
언제나 깨어 있자

낡은 시계

시계를 버렸다

몇 년간 잠만 자던 시계
그 위로 수북이 쌓인 시간의 먼지들

후 불면 날아가겠지만
걸레로 닦으면 말끔해지겠지만
그래서 다시 째깍거리겠지만
미련 없이 버렸다

그 시간들을 바닷속으로 던져 버렸다

오늘

어제는 이미 죽어 만날 수 없고
내일은 아직 태어나지 않았으니
지금 곁에 있는 오늘을 보라
오늘을 오롯이 사랑하고 직면하라

오늘이 너를 짓눌러도
오늘이 너의 심장을 그어 대도
피하지 마라
내일의 열매를 원한다면

그 바람 외롭다

참말로 외롭다
그 바람

야생화 어루만지던 바람
강아지풀 쓸어 주던 바람
나뭇가지들에게 사랑을 속삭이던 바람

오늘따라
그 바람 참말로 외롭다

여름

살아 있는 모든 것들을
아우성치게 만드는 뜨거움

강한 태양에 숲은 수없이 달궈지고
퍼붓는 빗줄기에 또 수없이 식어 가고

너의 담금질 속에
세상 모든 생명이 단단해지나니

너의 뜨거운 담금질 속으로
나를 던진다

반성

네댓 장 남은 잎들은 바람에 날리고
바다 위 윤슬들이 햇살에 날리면
귀로 눈으로 아픈 네가 걸어온다

무언가가 짓누르는 듯
통증이 퍼지고 숨이 막혀 오면
아픈 네 모습은 더욱 또렷해진다

어리석었고 아둔했던 날들이
시린 두 손으로 가슴을 쳐 대면
통증의 방울들이 툭툭 튀어나온다

그런 너를 토닥이며
입술을 깨문다
이제는 그리 살지 않으리라

가진 것 많으니

한순간이라도
한 번만이라도
꿀벌처럼 살아 보았는가

하루라도
한 계절이라도
개미처럼 살아 보았는가

원래 삶이란 고달픈 것이니
가끔은 게으름도 피우고
잠시 쉬어 가도 괜찮으나

꿀벌보다 개미보다
가진 것 많으니
단 한순간이라도 어찌 허투루 살까

빈 배

부스스한 차림의 어선 한 척
어둑어둑한 새벽을 걷는다
바다 위를 걷는다

이른 새벽
무엇을 위해
어디로 가는 것일까

만선의 꿈을 안고
바다로 바다로
더 큰 바다로 걸어 들어가는 것이라면

부디 여러 종류의 고기들을 만나
그들의 비린내를 통해
바다라는 곳이 낭만만 품고 있지 않음을

끝없이 넓고 깊은 바다에서
오롯이 외로움과 사투를 벌여야 한다는 것을
끝내는 고독이라는 고래를 잡아 올리는 일이라는 것을

그리하여 빈 배로 돌아오기를

새벽 달

동그란 원으로
스스로를 꽉 채웠다
네모도 세모도 아닌
부드러운 곡선으로 채웠다
참고 견디며 채웠다

여기저기 뾰족하게 박힌
구겨진 종이 같은 서러운 인생
스치기만 해도 깊게 베일 듯한 날카로움
상흔의 조각들을 깎고 다듬어
동글동글 원으로 태어났다

자신을 넘고자 멈추지 않았던 걸음
그 걸음이
이제 자신을 넘어선 둥근 시간을 품고
바다 위를 비춘다
어두운 바다를 환히 비춘다

쉼이 필요한 순간

살다 보면 가끔
멈추고 싶을 때가 있다

밥은 뭐 할라고 먹나
숨은 뭐 할라고 쉬나

어디를 향해 가고 있나
무엇을 위해 가고 있나

가던 길 멈추고
바다를 보고 싶어질 때가 있다

아무 생각 없이
바다만 바라보고 싶어질 때가 있다

너의 의자

살아가는 동안
너의 의자가 되어 준 적 있는가

머릿속이 위험해서
심장이 위험해서
두 손과 발이 위험해서
그저 숨 쉴 곳이 필요할 때

안타까운 그 순간
너는 너의 쉼터가 되어 준 적 있는가

쉼

잔디 위에
나무 위에
시간 위에
그리고 내 마음 위에도
가을이 내려앉았다

비양도

바다로 걸어 들어가
홀로 엎드려 버린
작은 섬 비양도

세상을 향한 눈 귀 닫고
짜디짠 바다 깊이만 헤아린다

낡은 배 한 척

엄마 자궁 같은 포구 한구석
여기저기 긁히고 패인 몸뚱이
거칠게 드러누웠다

소리 없이 다가온 햇살 한 움큼에
상처투성이 알몸 들켜 버려도
부끄러워할 기운조차 없어 숨만 고른다

나무도 가끔 운다

이게 무슨 일인가
끄떡 않던 네가
소리 없이 눈물만 흘리다니

어린 가지들이 잘리고
가슴팍 커다란 구멍
시도 때도 없이 외로움 불어닥쳐도
끄떡도 않던 네가 울다니

이게 무슨 일인가
그 자리 그대로 선 채
소리도 없이 눈물만 흘리다니

두 손으로 너를 꼭 껴안고
두 귀를 너의 심장에 포개어 본다

이토록 아름다운 계절에

나오라
창을 가리고 있는 커튼 활짝 젖히고
굳게 닫힌 현관 힘껏 밀고

보아라
가을 위 자유로이 날으는 새들을
해를 바라보며 활짝 웃는 국화를

느끼라
온몸을 깨우는 그들의 날갯짓을
온 누리 가득한 그들의 향을

잡아라
곳곳에 널린 너의 가을을
구름처럼 흘러가 버릴 너의 시간을

문(門)

온갖 바람이 드나드는 문
온갖 시간이 드나드는 문
나는 그 문에 서 있다

문안일 수도
문밖일 수도 있는
그곳에

문안도 문밖도
내가 서 있는 곳
내가 서 있어야 할 곳

그런데 왜 나는
문밖만 서성일까
문밖에만 마음을 빼앗기고 있을까

4장
자연이 말을 걸어올 때

잡초

조금만 눈치껏 자랐으면 괜찮았을까
햇살이 보듬고
비는 촉촉이 안아 주고
바람마저 어루만져 주길래
쑥쑥 자라야 하는 줄로만 알았을 너

나 좀 봐 주세요
이렇게 건강하게 잘 자라고 있어요
이렇게 키도 훌쩍 자랐어요
뿌듯해하는 너에게
예상치 못한 예초기가 답했지

"이놈의 잡초들"

순식간에 잘려 나가는 너
저항할 틈도 없이 산산조각 흩어지는 너
그런 너의 아픔에 눈을 질끈 감았지
하지만 너는 향기로 눈을 뜨게 했고
심장마저 흔들어 깨웠어

눈물이 아니라 향기로 들판을 수놓았지
오늘의 상처는 내일의 향기가 된다고
상처도 이렇게 아름다운 향기가 될 수 있다고
다른 이에게 쉼과 여유를 줄 수 있다고
비명 대신 향기를 질러 댔지

아! 너는 향기로 말하는구나

풀꽃

늘 그 자리에서
바다를 바라보지
바람이 부는 날도
비가 내리는 날도
햇살이 뜨거운 날도

바람이 성을 냈다 이내 간질거려도
비가 요란 떨다 바로 침묵에 빠져도
햇살이 분노하다 슬그머니 사라져도
아랑곳 않은 채
변함없이 바다를 바라보지

너의 세상에 집중하지

민들레 1

어느 자리가 주어지든
어떤 자리에서든
투덜거림도
못마땅한 기색도 전혀 없다

바람을 향해
왜 이리 메마른 곳에
자신을 데려다 놓았느냐는
불평 한마디 없다

바람이 내려놓은 그 자리
초록으로 들판을 뒤덮었다가
노랗게 세상을 밝혔다가
하얀 웃음 짓는 민들레

민들레 2

땅에 닿을 듯
자그마한 너의 키
뭐 어때

가장 키가 크다는 나무도
아무리 커 봤자
하늘보다 땅에 더 가까워

음지에 있든
양지에 있든
뭐 어때

가장 빛나는 해님도
암만 뜨거워 봤자
구름 뒤에서 숨 죽여야 할 때가 있어

작은 키면 어때
어디에 피든 어때
먼 곳까지 날아가서 희망을 퍼트리잖아

7월의 개망초 앞에서

너는 삶 위에 곧게 섰다지만
뭐 그리 꼿꼿하냐며
누군가는 오해할 수도 있는 일
그러니 때로는
다리에 준 힘을 풀고
하루쯤은 바람에게 너의 몸을 맡겨 봐

지나는 바람조차 걸리지 않는 비움
가벼이 더 가벼이
바다 앞 개망초가 낙조를 바라보듯
힘 잔뜩 들어간 두 눈의 미움도
상처 입은 마음도 훌훌 털어 내어 봐
황홀한 낙조의 아름다움에 풀어놔 봐

세상을 향해
온몸으로 화해의 몸짓을 보내는
7월의 개망초처럼

매화

따뜻한 민들레차
두 손으로 감싸고 선 창가에
빤히 쳐다보면 바로 붉어질 것 같은
매화들이 하얗게 웃는다

그 환한 웃음에 잠시 멎는 숨
차 한 모금 문 입
매화 꽃잎 물고 있는 듯
툭툭 끊어지는 잡념들

매미 소리

온 세상이 찜질방처럼
후끈거리는 날
무더위 따위 아랑곳 않고
노래를 불러 제낀다

숨 쉬기조차 힘겨운 날은
더 뜨겁게 움직이라고
생생하게 살아 있음을
더 뜨겁게 느끼라고
목청 높여 불러 제낀다

한 번뿐인 삶
뜨겁게 살아 보라고

장대비 내리는 날

장대비 내리는 날은
빗소리에 얼얼하게 취하는 날

넓은 우산 펼쳐 들고
바짓단 두어 번 접고 너와 걷는다

내리치는 빗줄기에
풀들이 더 선명한 초록을 드러내고

구석구석 숨겨진 쓰레기들은
하나둘 날것의 민낯 드러내듯

너의 상처도 알몸으로 뛰쳐나와
장대비에 씻겨 내린다

빗방울

우산 위로
토도독 떨어지는 빗방울

창공을 가르는 새들의 날갯짓처럼
바람 따라 흥얼거리는 풀잎처럼

가벼운 몸짓으로
통통 바닥을 튀어 오르는 빗방울들

여름을 신나게 연주하다
내 마음의 건반까지 두드리는 빗방울들

새 한 마리

가느다란 매화 나뭇가지 위
솜털마냥 가벼워 보이는 새 한 마리
뭐가 그리 바쁜지
잠시도 가만있지를 않는다

위로 아래로
왼쪽으로 오른쪽으로
연신 고개를 돌려 가며
털을 고르고
나뭇가지를 쪼느라 분주하다

둘씩 짝을 지어
조잘대느라 바쁜 매화 나뭇가지 위
홀로 앉은 새 한 마리
유독 내 눈에 정겹다

자연 1

누구도 흉내 내지 못할 큰 손
마구 퍼 주는 넉넉함
그런 친구 하나 있지

친구가 뿜어 대는 에너지
그 기운으로
아이처럼 맑아지는 눈과 귀

친구가 흩뿌리는 싱그러움
그 향기로
평온해지는 온몸의 세포

자연 2

새벽은 왜 오고 가는가
아침은 왜 오고 가는가
어둠은 왜 또 오고 가는가

이슬은 왜 눈을 감고 뜨는가
햇살은 왜 눈을 감고 뜨는가
노을은 왜 또 눈을 감고 뜨는가

꽃은 왜 흔들리며 미소를 짓는가
바람은 왜 흔들리며 미소를 짓는가
별은 왜 또 흔들리며 미소를 짓는가

생의 한 가운데를 뚜벅뚜벅 걸으며
때로는 생의 한 가운데 걸터앉아
질문을 던졌지

그들이 세상을 향해 눈을 뜨고
그들이 세상을 향해 미소를 지으며
그들이 세상을 향해 오는 까닭

바람이 부는 이유

바람이 들락거린다
꼭꼭 걸어 잠근 문틈으로
수시로 들락거린다

미운 마음의 바람
성난 마음의 바람
불지 않아도 될 것을
불지 않으면 좋을 것을

아무리 걸어 잠가도
어찌 이리 들락거리는지

그래
네가 불어오는 데는 이유가 있을 터

어디로 가나

강물은 흐르고 흘러 어디로 가나
바람은 불고 불어 어디로 가나
꽃은 피고 지어 어디로 가나
나는 또 걷고 걸어 어디로 가나

어디서 와 어디로 가나

5장

덕분입니다

와닿다 1

손에 쥔 풍선을 놓쳐 버리고 우는 아이처럼
희망이 끊어졌다 싶은 날

너에게서 날아온 톡 하나
뜨끈한 국밥처럼 든든한 말

'언제나 네 편이야!'

그 말에 왈칵 눈물이 나서
나도 모르게 새어 나오는 말

'고마워!'

하얀 민들레 꽃씨처럼
고귀한 이 말을

후~ 후~
너를 향해 불어 본다

와닿다 2

되는 일도 없고 마음까지 풀이 죽어
어린아이처럼 울음보가 터지기 직전인 날

그런 날 생각해
네가 해 주었던 말

'너의 뒤에 언제나 서 있을게!'

숭늉처럼 온기가 드는 그 말
봄꽃 같은 그 말에

'그래, 다시 해 보자!'

너의 든든함이
풀 죽은 내 마음에 와닿아

풀기 배어든 옷감처럼 얼굴이 펴지고
쓰윽 눈물 훔치며 웃게 돼

8월의 저녁 풍경

사람들은 자전거를 타고
페달 위 소박한 풍경이 콧노래를 부르네
소슬거리는 바람 따라 콧노래를 부르네

노랫소리에 붉은 노을이 깨어나면
여유로움이 더 큰 소리로 흥얼거리고
풀꽃들과 풀벌레도 음률에 취하는 저녁

지친 도시를 감싸안은 붉은 노을이 절정에 다다르면
세상에서 가장 넓고 눈부신 미술관이 문을 연다
이토록 아름다운 그림 앞에 서 있다니!

네가 두고 간 상추 한 봉지

소리 없이 다녀간 손
흙 내음처럼 평온해지는
봉투 안에 든 사랑

훈훈한 그 사랑에
뜨거워지는 마음

뜨거운 그 마음 꺼내
흐르는 물로 식히니

밥상을 차리기도 전에
한 수저 뜨기도 전에
이미 든든해진 배

바람이 전하는 말

여행길에 바람을 만났지
꽃을 어루만지는 바람 곁에서
나도 꽃이 되어 보았네

바람이 말했지
누군가 어루만져 주기를 기다리지 말고
네가 너를 어루만져 주라고

바람이 말했지
너를 어루만지는 일은
네가 별이라는 사실을 깨닫는 것이라고

초여름 바람

목을 감는 손길이
아기 피부처럼 보드랍고

몸속으로 파고드는 태가
수양버들처럼 간드러진다

너와 맞닥뜨린 나

황홀한 미소 살포시 접고
그대로 눈을 감는다

봄 봄 봄

핏줄처럼 진한 온기를 품고 도착한
꽃봉오리 같은
너의 마음 수십 송이

바람의 시간 같은 나의 하루에
프리지아 같은 너의 마음을
마주하고 앉으면

창가로 몰려드는 햇살에
환한 미소 지어 주는 꽃처럼
나의 하루도 어느새

노란 프리지아를 닮아
너의 사랑을 닮아
봄 봄 봄

살아 있음에 감사

살다 보면
물 한 모금 없는 자갈밭 길도 걷고
발목을 잡아채는 진흙 속도 걷고
비를 맞아 반질거리는 위태로운 돌 위도 걷지

세상의 술독 몽땅 뒤집어쓴 듯
휘청거리는 걸음을 걷는 날도 있고
꿈이냐 생시냐
구름 위를 걷는 날도 있고
콧속을 들이미는 공기조차 고달파
부끄러움을 놓아 버리고 싶은 날도 있지

뭐 어떤가
살아 있고
살아가고 있는 것을

행복 1

나른한 오후에는
소나무 아래 눕는다
바람과 함께 눕는다

눈을 감아도
눈을 떠도
선명하게 보이는 행복

손바닥으로 심장으로
밀물처럼 밀려드는
파아란 빛깔 고운 행복

행복 2

눈을 뜬 이에게는
보이지 않으니

행복하고 싶다면
눈을 자주 감을 일

다른 이보다 눈을 더 크게 뜬다고
찾을 수 있는 것도 아니고

다른 이보다 더 앞서간다고
잡을 수 있는 것도 아니니

행복하고 싶다면
눈을 감고 잠시 멈출 일

행복은
느끼는 것이니

행복이 만져지는 순간

알람 소리에 눈을 떠
커튼 뒤에 숨은 여명을 만날 때

땅을 톡톡 차며
두 발로 새벽을 달릴 때

비상하는 새들 따라
심장이 날아오를 때

다이어리에 메모된 일정들이
두근거림을 체크할 때

오후 산책길에 만난 바람이
머리칼을 쓸어 줄 때

파랗고 하얀 가을 하늘이
잠자리 떼를 풀어놓을 때

행복 그리고 사랑

행복이라는 것은
선명한 색깔이 있어
눈으로 볼 수 있고
가득 담아 둘 수도 있는 줄 알았지

사랑이라는 것은
일정한 모양이 있어
손으로 만질 수 있고
꼭 잡아 둘 수도 있는 줄 알았지

행복도 사랑도
바닷가 보드라운 모래처럼
아무리 움켜잡아도
스르르 빠져나가는 것

바짓단 걷고
첨벙첨벙 걸어 들어간 강가에
다리 사이로 흘러가는
물과 같은 것

행복 지점

바닷물 위로
이따금씩 물고기들이 튀어 오르죠
강을 거슬러 오르는 연어들처럼요

잔잔한 물결 위로
눈부신 아침이 기지개를 켜고
갈매기들의 힘찬 날개 위에 희망이 내려앉았네요

바람도 그들을 따라 날며
지친 기색 없이
나뭇잎들을 밀었다 당겼다 하네요

여기저기
새들의 노래는 그칠 줄을 모르고
하늘은 바다를 닮아 파랗게 더욱 파랗게

그림 같은 이 자연을
기적 같은 이 순간을
보고 듣고 느끼고 있네요

볕이 툇마루에 앉을 때

산 위로 얼굴을 내밀고
환하게 웃으며 내게 올 너의 생각에
서두르게 되지
너를 맞이할 준비에

어느새 툇마루에 도착해
재촉도 없이 기다리는 너를 보면
미소가 지어지지
따뜻한 너의 배려에

툇마루에 말없이 앉은 너에게
너를 닮은 행복 한 편 읊어 주려
차 한 모금으로 입을 축이면
품으로 모여드는 꽃 같은 감사들

가족

시커먼 구름이 하늘을 휘덮을 때
그 구름 걷히고 해가 얼굴을 내밀 때
맞잡는 손

캄캄한 어둠 수많은 별 중
가장 빛나는 하나 찾을 때도
맞잡는 손

낮에 환하게 웃는 해님처럼
밤을 환하게 비추는 달님처럼
때론 잊고 사는 손

내 인생 최고의 선물 가족
가족은 희망
덕분에 나도 희망임을 알지

6장
지천명에 알게 되는 것들

지천명이 되어서야

지천명이 되어서야 알았네
눈물이 세상에 존재하는 까닭을
아파도 울고 기뻐도 우는
그 모든 순간이 아름다움이라는 것을
그 모든 순간이 하나라는 것을

지천명이 되어서야 알았네
시간이 세상에 존재하는 까닭을
때가 되면 가고 오는 것
모든 것은 한때
시절인연으로 가고 오는 것일 뿐

바람 1

너는 종종 나를 흔들었다
이 가지 저 가지로 뻗고 뻗는
내 욕심을 마구 흔들어 댔다

네가 흔들고 또 흔들어
추운 겨울이면 나는 빈 손
또다시 벌거숭이

그러함에도 불구하고

봄이면 새로운 잎을 피웠고
여름에는 새로운 가지를 뻗었고
가을에는 아름다운 결실을 맺었다

이제 나는
너의 흔들림에 끄떡없는 나무
너의 흔들림에 흔들릴 줄 아는 나무

벌거숭이가 되어도

하늘을 우러러 눈물 흘릴 줄 아는 나무

아! 내 인생 최고의 벗은
바람
바로 너였음을!

바람 2

어제보다 넘치는 기운으로
모자를 벗기며 마구 달려드는
그 정도가 지나쳐 사납기까지 한 바람

아주 잠깐
장갑을 벗은 손끝에
고드름을 달아 버리는 바람

걷는 걸음을 밀쳐 내고
허벅지에
칼날을 들이대는 바람

그래 봤자
암만 세도
너는 그저 지나는 바람

지혜

좋은 사람과 나쁜 사람이 아니라
나와 맞는 사람과
맞지 않는 사람이 있을 뿐임을 아는 것

나와 맞지 않는 사람일지라도
상황에 따라 맞춰야 한다는 것을 아는 것

자신을 버리면서까지
모든 사람에게 맞추지 않아도 된다는 것을
서로 다를 뿐이라는 것을 아는 것

결국
모든 것은 변하고 흘러간다는 것을
사라진다는 것을 아는 것

살아가는 일

산다는 것은 무엇일까

무엇을 잡고자
무엇을 채우고자
그리도 애가 닳았을까

물질이었을까
사랑이었을까

물질도 사랑도
밀물과 썰물 같은 것

비우고 채우고
다시 비우고 다시 채워지고

삶 3

한여름 땡볕에
잠시 솟아올랐다 허공에 흩뿌려지는
분수와 같은 것

여름 밤 무더위에
잠깐 피어올랐다 어둠 속으로 사라지는
불꽃과 같은 것

또한 험준한 산속에
호젓이 고독을 내리치는
폭포와 같은 것

허공에 흩뿌려지는 분수도
어둠 속으로 사라지는 불꽃도
낮은 곳으로 흐르는 폭포도

모두가 애절한 삶의 몸부림
그리고 각자의 길
열심히 살면 그뿐이다

아름다운 삶

질문하라
오롯이 너의 길을 걷고 싶다면

질문하라
온전히 너의 삶을 살고 싶다면

대답만 하는 너는
다른 이의 길을 따라 걷는 것뿐이다

대답만 하는 너는
이미 삶의 주체가 네가 아니다

질문을 할 수 있을 때
비로소 너인 것이다

대답만 하면서
다른 이의 삶을 흉내 내지 말고

자신에게 물어보라

지금 걷는 이 길을 계속 가도 후회 없는지

그렇지 않다면 다시 그려라
심장이 흔들리는 살아 있는 그림을

다시 태어난다면

다시 태어난다면
산과 들판을 누비는
풀떼기이고 싶어라

꾸미지 않는
본연本然 그대로의 모습
가벼운 몸

움켜잡을 것도
잃을 것도
내려놓을 것도 없는 무소유無所有

다시 태어난다면
얽히고설킴 없는
풀떼기이고 싶어라

나의 길 3

예술가와 한 몸인 악기처럼
누군가에 의해 연주되어진
죽은 시간이 있었다

예술가와 한 몸인 캔버스처럼
다른 이의 붓질에 의해 움직였던
침묵의 시간도 있었다

그러나 이제 나는 나무
생명이 있는 나무

봄 여름 가을 겨울
자신을 표현할 줄 아는 나무처럼
나를 말할 수 있는 나무

악기처럼 연주되어진 죽은 시간
붓질에 의해 움직였던 침묵의 시간
그 시간들을 품은 나무

스스로 표현할 줄 아는 나무
살아 숨 쉬는 나무

다 이유가 있더라고

누군가 그러더라고
삶은 길이라고

가파른 길
내리막길
오르막길
울퉁불퉁한 길

걷다 보면 좋은 길만 있다고

맞아
걷다 보면 알게 되지

가파른 길의 의미
내리막길의 의미
오르막길의 의미
울퉁불퉁한 길의 의미

모든 길에는 이유가 있더라고

지나고 보니 그 모든 길이
좋은 길이었던 거야

지천명에 알게 되는 것들

캄캄한 어둠은 빛
끝없는 모래사막은 샘
어둠과 사막은 곧 목마름

목말라야 눈을 뜨고
목말라 봐야 간절해지고
간절해야 찾아 나선다는 것을

그 간절함을 딛고 일어서는 순간
결국 찾아낸다는 것을
지천명이 되어서야 깨우쳤네

열매 한 알 품기 위해
꽃 한 송이 피우기 위해
얼마나 쓰린 간절함이 필요한지를

지천명이 되어서야 겨우 깨우쳤네

나의 뜨락

하루도 거르지 않고
사랑을 주며 가꾸는 나의 뜨락
꽃과 나무들 사이로
삐죽삐죽 잡초가 올라온다

그럴 때
무작정 뽑아 버리기보다는
가만히 들여다본다
말을 걸어 본다

골이 났구나
그래, 맞아
그렇지 그럴 만했네
잡초 편을 들어 주며 맞장구를 쳐 준다

끄덕끄덕 토닥임에
꽃을 더 아름답게 피우도록
나무를 더 단단하게 뿌리 내리도록
더 큰 마음을 내어 주는 잡초

잡초 덕분에
더욱 아름다워지는 나의 뜨락

흘러라

흘러라 흘러라

바다처럼 흘러라

흘러라 흘러라

강물처럼 흘러라

낡고 상처 난 네 마음도 흘러

새살을 돋게 하라

시가 없는 세상

꽃 피지 않는 봄을
봄이라 부를 수 없듯

소나기 없는 여름을
여름이라 부를 수 없듯

단풍 들지 않는 가을을
가을이라 부를 수 없듯

눈 내리지 않는 겨울을
겨울이라 부를 수 없듯

시詩가 없는 세상
어찌 인생이라 부를까!

시를 쓰는 일

별 볼 일 없던 사람이
별 볼 일이 자꾸 생기는 것

시를 읽는다는 것

시를 읽는다는 것은
멈춰 버린 낡은 기억이 노래하는 일

시를 읽는다는 것은
갈라진 땅 단비처럼 물기가 스미는 일

시를 읽는다는 것은
두 볼이 어린 동백꽃처럼 붉게 물드는 일

또한 시를 읽는다는 것은
한겨울 밤 눈 감아 버린 불씨가 눈을 뜨는 일

문득

생의 마지막
너의 손을 잡고
너의 노래 들으며
너의 심장을 나눌 이 있는가

생의 마지막 길
그렇게
함께 걸어가 줄 이 있는가

문득 궁금해졌다
시가 나를 빤히 쳐다보기에

너를 보아라

하늘을 보아라
훨훨 힘찬 날갯짓으로
새들이 시원스레 날고 있다

산을 보아라
녹음 짙은 푸르름으로
숲들이 쑥쑥 자라고 있다

바다를 보아라
선율처럼 부드러운 울렁임으로
변함없이 흐르고 있다

땅을 보아라
신이 내린 축복의 색으로
꽃들이 피어나고 있다

너를 보아라
스스로 어둠을 밝히는 별처럼
오늘도 네 안의 빛을 쏟아 내고 있다

바다에서

촤르르 촤르르
파도가 밀려온다

푸르름 가득 안고
하얀 평화가 밀려온다

벅찬 심장이 일어나
뜨겁게 껴안는다

심장은 바다가 되고
나는 시가 된다

시를 닮아 가는 일

밤하늘에 반짝이는 글자라는 별
두 눈에 새기어 담고

푸른 바다를 가르는 글자라는 배
마음에 띄워 품고

싱그러운 숲속 글자라는 나무
가슴에 심어 가꾸고

너를 새기고 품어 가꾸는 일
시를 닮아 가는 일

지천명을 넘어서니

지천명을 넘어서니 들리네
아이가 우는 소리
풀벌레가 우는 소리
새들이 우는 소리
매미가 우는 소리
갈대가 우는 소리
바다가 우는 소리
강이 우는 소리
행복의 소리들이 들리네

지천명을 넘어서니 보이네
삐지고 토라지는 모습
화내고 짜증 내는 모습
이랬다저랬다 변덕스러운 모습
꾹꾹 눌러 담으며 억지웃음 짓는 모습
말 못 하는 벙어리처럼 듣기만 하는 모습
훅 내지르는 과감한 모습
아름다운 모습들이 보이네

7장

동생을 멀리 보내고

가혹한 이별 앞에

하늘이 쥐여 준 끈이었기에
놓쳐 버릴 수 있다는 상상조차 못 했었다
감히 끊어진다는 생각조차 못 했었다

시간이 지날수록
더 굵어지고
더 튼튼해진 끈이었기에
더더욱 몰랐었다

그러나 예고도 없이
어느 날 갑자기
놓쳐 버린 오누이의 끈
끊어져 버린 오누이의 정

어찌할 줄을 몰라
가혹한 하늘의 옷섶을 잡고 피눈물을 흘린다

핏줄 1

황망하게
툭
끊어져 버린 오누이 끈

그 끈 끊어지고 나서야 알았네
피가 물보다 진하다는 의미를

핏줄 2

잊는다 잊어야 한다
애쓰지 말자
흘러가는 대로 그냥 두자

잊어야 할 사람이 아니기에
잊힐 사랑이 아니기에

산 사람

네가 없는데
다시는 볼 수도 없는데
죽을 것 같은데
숨을 못 쉬겠는데
어떻게 배가 고플 수 있는지

내 손에 숟가락이 쥐어져 있고
밥이 넘어가더라

머리와 가슴은
아무것도 원하지 않건만
눈치도 없고 감정도 없는 이놈의 장은
배고프다 달려들더라

가슴에 묻는다

갖은 역경 딛고
이제 겨우 세상놀이 나온 벚꽃잎들이건만

불어닥친 비바람에
맥없이 하나둘 떨어지고
다시 내년 봄을 기약하누나

유독 슬픈 꽃잎 한 장
마지막 계절일 꽃잎 한 장
그 꽃잎 내 가슴에 묻는다

그만 쉬어라

고생했다
애썼다
열심히 살았으니 됐다
산다는 게 얼마나 힘든지
제대로 살아 본 사람은 알지
그렇게 살았으니 됐다
그만 쉴 때가 온 거야
못다 한 일이 있다면
네 몫까지 살아 주마
모든 것 잊고 편안히 쉬어라

그곳에서는

혼자 울었던 시간이 있지는 않았을까
혼자 술잔을 기울이지는 않았을까
혼자 외로웠던 시간이 있지는 않았을까
혼자 삶의 무게에 짓눌려 아프지는 않았을까

이제야 이런 마음이 든다
너를 잃고 나서야

부디 그곳에서는 혼자가 아니기를

거기 있었구나

너와 뛰어놀던 어린 시절
복사꽃 발그레 웃던 그곳처럼
온 세상이 활짝 웃는 봄날이건만

무엇이 그리 급해
말도 없이 혼자 먼 길 가 버렸을까

따스한 정
유쾌한 웃음소리
허공에 남겨 두고 가 버렸을까

덩그러니 남은
너와의 시간들이 뼛속을 파고들어
애닳고 또 애달프다

이 봄
다시 핀 복사꽃 아래 서서
옛 시절 달려가니
웃었다가 울었다가

울었다가 웃었다가

잡을 수 없는 손으로
만질 수 없는 얼굴로
거기 있었구나

복사꽃

얼마나 울었길래
햇살처럼 밝았던 얼굴이
퉁퉁 부었을까

얼마나 애달프길래
퉁퉁 부은 얼굴에
아직도 붉은 눈물이 그렁그렁 고였을까

어떤 까닭이든 묻지 않겠다
그저 너의 슬픔에
내 모든 눈물 모아 함께 울어 줄 것이니

내년 봄에는
이리 슬픈 모습으로 오지 말아라

너를 잃어버린 것은

나만의 별을 향한 걸음
뚜벅뚜벅 매일 걷던 걸음
그 걸음이 멈추어 버린 것

별을 향한
배움의 시간이 멈추어 버린 것
나의 별을 잃어버린 것

청사포

정수리를 뜨겁게 달구었던 작년 여름
청사포 횟집 앞에서 너와 바라본 윤슬

오늘은 홀로
그 앞에 바위처럼 앉아 너를 그린다

기다랗게 얄랑이는 물결 따라
자꾸만 접혀 버리는 너의 목소리
투두둑 떨어지는 너의 웃는 모습

고깃배 드나드는 청사포 포구
너와의 두어 시간이 생에 마지막 인사였건만
바닷물처럼 마르지 않을 너의 잔상들

부산역

부산역에 내리면
에스컬레이터를 오르기 위해
길게 늘어선 줄 옆
그 옆 계단을 총총 올랐었다

너를 만나러 가는 내 마음이 급해서
나를 기다리는 너의 마음이 보여서
긴 줄 뒤에 서 있지 못했었다

층층 계단을 오르면
나가는 곳을 향해 확장된 동공은
바람에 나부끼는 풍선인형 같은 손짓을 포착하고
빙그레 웃는 발걸음이 더 빨라졌었다

부산역에 도착하면
누나를 반기는 네가 서 있었다
한여름 분수 같은 웃음을 짓고

반려견도 이별 중입니다

너도 하루아침에 아빠를 잃어버렸구나
꺼이꺼이 목 놓아 얼마나 울고 싶을까
얼마나 애가 탈까

축 늘어진 채로
현관 앞에서
오지도 않을 아빠를 기다리는 너

좋아하던 음식 앞에서도 시큰둥
어둠이 짙어질수록 안절부절
아빠를 기다리며 앓는 소리만 해 대는 너

우리는 지금 모진 이별 중

너의 빈자리에 서서

아버지를 보내 드리던 그때
참 철없는 딸이었음을 깨달았었다

너를 보낸 지금도
여전히 철없는 누나였음을 깨달았다

앞으로 나는 또
얼마나 더 철없는 삶을 살까 깨닫는다

그렇게 살아가지

너 아니면 죽을 것 같아도
세상 다 잃은 것 같아도
시간 앞에서는
모든 게 무릎을 꿇지

세상 모든 상처
시간이라는 연고만 있으면 낫지

움푹 패인 상처 안고도
꽃을 피우지

암 낫고 말고
그렇게 아물고
그렇게 살아가지